FRANCE & BELGIQUE

MAURICE DES OMBIAUX

FRANCE & BELGIQUE

Ce que les Allemands voulaient faire
des pays envahis.

Ce que nous ferons d'eux.

1916

BLOUD ET GAY, ÉDITEURS

PARIS, 7, Place Saint-Sulpice, 7
Call del Bruch, 35, BARCELONE

FRANCE ET BELGIQUE

Ce que les Allemands voulaient faire des pays envahis.

Ce que nous ferons d'eux.

Des gens « bien informés » répètent volontiers que les dirigeants de l'Allemagne n'ont jamais eu sérieusement l'intention d'annexer la Belgique et un morceau de la France.

Au début de la guerre de 1870, personne n'aurait pu croire que la Prusse réclamerait une partie de l'Alsace et de la Lorraine. Le roi Guillaume n'avait-il pas déclaré, dans ses proclamations, qu'il faisait la guerre, non pas à la France, mais à l'impérialisme de Napoléon III ? N'a-t-on pas dit aussi que Bismarck et acc lui tous les politiques étaient opposés au démembrement de la France, mais qu'ils avaient eu la main forcée par les militaires ? L'enivrement de la victoire avait emporté les hésitations et même les meilleures résolutions des hommes d'État.

Plutôt que de rechercher, d'après les suggestions *actuelles* des Allemands et les propos de gens « bien informés » ce que l'Allemagne comptait faire des pays envahis, voyons quel était l'état d'une partie, importante tout au moins, de l'opinion publique dans l'empire du Kaiser à l'égard d'un petit pays dont l'indépendance et la neutralité avaient été garanties par le roi de Prusse.

Un important ouvrage, paru en 1911, sous le pseudonyme de Tannenberg et intitulé : *la Grande Allemagne*, exprimant les idées de la « Wehrverein » (Ligue militaire) qui comptait près de deux cent mille adhérents, établissait ainsi le futur traité de paix, le traité de paix d'après la grande guerre que d'innombrables groupements et associations souhaitaient.

LA FRANCE

§ 1ᵉʳ — La France cède à l'Allemagne les départements des Vosges avec Épinal, Meurthe-et-Moselle avec Nancy et Lunéville, la moitié orientale de la Meuse avec Verdun, et des Ardennes avec Sedan ; ensemble environ 17.114 kilomètres carrés. Le pays n'est actuellement que peu peuplé, 169 habitants au kilomètre carré, c'est à peine la moitié de la densité de la population de l'Allemagne. Ce pays des hauts bassins de la Meuse et de la Moselle à céder à l'Allemagne ne compte que 1.192.453 habitants. Cette nouvelle province reçoit le nom de Franconie occidentale (Westfranken), avec chef-lieu et siège des autorités administratives, du nouveau corps d'armée et d'une université à Nancy. Les chefs-lieux de district seront, au nord, Verdun, sur la Meuse, et au sud, Epinal, sur la Moselle. La nouvelle frontière de l'ouest suit la ligne de partage des eaux entre la Meuse et les affluents de la Seine.

§ 2. — La France prend les habitants de ces territoires et les installe ailleurs. Cette migration devra être effectuée dans l'espace d'un an à dater de la signature du traité de paix. Le pays sera partagé en domaines ruraux de 40 à 60 arpents, suivant qualité, et distribué comme récompense à des soldats allemands qui se seront distingués pendant la guerre. Les propriétés immobilières des villes seront également distribuées en lots d'à peu près la même valeur. Les soldats qui auront fait la guerre de 1870-71 seront aussi admis à cette distribution. La création de la nouvelle province de Franconie occidentale est nécessaire pour réparer la faute commise en 1871, où nous avons été assez fous pour *donner aux habitants de ces régions, parce qu'ils parlaient allemand, tous les droits des Allemands*, et où nous avons estimé au-dessous de sa valeur l'influence de la France; il nous faut avoir à l'ouest de l'Alsace-Lorraine, une province purement allemande et ainsi la question alsacienne-lorraine sera tranchée pour longtemps.

LA BELGIQUE ET LA HOLLANDE

§ 3. — La France déclare accepter l'entrée de la Hollande et de la Belgique dans l'Empire allemand. Ainsi sont presque reconstituées à l'ouest les anciennes frontières de l'empire de Charles-Quint (pas tout à fait encore, car il s'en faut de quelques domaines sur le Haut-Escaut ; mais comme nous avons de plus urgentes obligations à nos frontières du Sud et de l'Est, nous devons nous contenter pour notre frontière occidentale, de ce que nous avons obtenu pour le moment).

La Hollande, avec sa maison royale, entre dans l'Empire allemand à titre d'État confédéré de plein exercice. Elle constitue, selon son chiffre de population, deux corps d'armée, qui ont respectivement pour siège Rotterdam au sud et Groningue au nord. Les universités hollandaises sont reconnues et acceptent la constitution des universités allemandes. La Hollande entre dans l'union douanière allemande (Zollverein) sans payer d'indemnité ou s'engager à des obligations spéciales, ce qui constitue une faveur de portée considérable pour toutes les affaires de ce pays, notamment pour l'horticulture et l'agriculture, qui bénéficient aux bouches du Rhin de si heureuses conditions climatologiques. Java est réservée à la Hollande comme colonie particulière. Les autres colonies de l'Insulinde, Surinam et Océanie deviennent propriétés communes de l'Empire allemand. Les écoles hollandaises enseignent comme deuxième langue nationale l'allemand, cela non seulement dans les écoles supérieures, mais encore dans les écoles populaires. Pour l'intérieur du royaume, le néerlandais demeure d'usage courant; pour les rapports avec l'Empire allemand aussi bien qu'avec l'étranger, c'est l'allemand qu'il faudra employer. Il sera concédé les mêmes conditions à la Belgique : elle crée deux corps d'armée avec sièges pour l'un à Anvers, pour l'autre à Liége sur la Meuse. On ne désire pas de la Belgique quelque avantage particulier au point de vue colonial, *on considère comme un bien que l'État du Congo, beaucoup trop grand pour ce petit pays, passe au pouvoir et sous la protection du grand peuple et de l'Empire allemand dans son ensemble.*

L'ÉMIGRATION FORCÉE DES WALLONS

§ 4. — *La France prend les Wallons habitant la Belgique pour coloniser ses territoires vides d'habitants. La migration devra être accomplie en trois ans.* Les propriétés des Wallons et celles des habitants des districts de la Haute-Moselle et de la Haute-Meuse

passés à la nouvelle province de Franconie occidentale, tant en maisons qu'en terrains, seront
estimées par experts et remboursées aux ayants
droit par la République, sur l'indemnité de
guerre à payer par la France à l'Allemagne. Les
régions frontières ainsi vidées sur le cours moyen
de la Meuse recevront une immigration de soldats allemands qui se seront distingués pendant
la guerre, de telle sorte que cette province frontière aura en peu d'années une population purement allemande.

La frontière douanière anormale entre l'Empire
allemand et les ports de la Meuse et du Rhin sera
ainsi supprimée.

L'INDEMNITÉ DE GUERRE

§ 5. — La France cède à l'Allemagne la propriété des milliards qu'elle a prêtés à la Russie.

§ 6. — La France paye à la Grande-Allemagne
35 milliards de marks, argent comptant. (C'est
la moitié d'argent liquide que la France se vante
de posséder. Cette perte frappera la France là où
elle est tout à la fois le plus sensible et le plus
capable de répondre. L'argent est, depuis la fin
du premier Empire, l'idole des Français et leur
perte. Si la France n'avait pas plus d'argent liquide que tout autre peuple de la terre, elle n'en
serait jamais arrivée à devenir le banquier bien-

veillant qui impose ses avances à nos ennemis.
Prenons à la France ce maudit argent et nous
aurons enfin la paix ; nous pourrons poursuivre
notre développement pacifique et nous trouver
très bien de notre système de six enfants.)

§ 7. — La France déclare accepter l'entrée du Luxembourg et de la Suisse dans l'Empire allemand.

§ 8. — La France accepte les modifications que
le peuple allemand fait subir à ses frontières.

LA FLOTTE ET LES COLONIES FRANÇAISES

§ 9. — La France renonce à sa flotte, qui passe
en la possession de l'Empire allemand.

§ 10. — La France renonce à ses colonies, sauf
l'Algérie, au profit de la Grande-Allemagne.

§ 11. — La France contresigne les traités passés entre l'Allemagne et les autres puissances mon-
diales : Angleterre, États-Unis, Japon et Russie.

§ 12. — La France signe le nouveau traité de
commerce avec l'Allemagne, lequel est adapté
aux conditions créées par le transfert de puissance
de l'une à l'autre.

*   *
*

Tels sont les douze articles de la paix de
Bruxelles entre l'Allemagne et la France. Ils

scellent la supériorité définitive du peuple allemand riche d'enfants sur la France pauvre d'enfants.

La course aux armements depuis le traité de
Francfort a pris fin.

Peut-on considérer le traité de Tannenberg
comme une simple fantaisie ou comme une exagé-
ration pangermaniste?

Non.

Les événements qui se sont déroulés depuis
bientôt deux ans prouvent que les clauses de ce
traité idéal fermentaient dans les cerveaux des
hommes politiques, des militaires, des professeurs
et des journalistes allemands. Des reporters et
des diplomates alliés, bernés par la duplicité
boche, ont beau venir prétendre que le peuple allemand ne souhaitait pas la guerre, il a été prouvé
surabondamment que l'Empire germanique pré-
parait méthodiquement la guerre jusque chez
ses adversaires, pour conquérir l'hégémonie du
monde.

Voyons du reste, d'après des articles de journaux, des interviews et des déclarations de personnages d'État, la confirmation de l'état d'esprit qui
a inspiré le traité de Tannenberg.

Le journal conservateur et agrarien la *Deutsche
Tages Zeitung* publiait, dans son numéro du 23
mars 1915 :

« La possession de la Belgique est une question
de vie ou de mort pour l'Allemagne dont la puis-

sance mondiale est liée à l'occupation d'une base navale sur la mer du Nord. »

M. von Richtoffen, conseiller d'ambassade et fils de l'ancien ministre des Affaires étrangères allemand, disait à M. C. Ibanez de Ibero.

« Nous voulons conclure avec la France et la Russie une paix honorable sur les bases suivantes: *Cession à l'Empire de la Flandre allemande* (sic) et retour à la France des populations alsaciennes, de race française, soit dix mille habitants environ. Quant à Metz, nous le gardons, bien entendu. »

Voici, dans la *Volkstimme* de Chemnitz, l'un des plus importants organes socialistes de province, l'opinion d'Emil Kloth, reproduite par le *Vorwaerts* du 13 juin 1915 :

« Quelle que soit l'énergie avec laquelle la Social-démocratie s'est, au début des hostilités, déclarée adversaire d'une guerre de conquête, aucun homme sensé n'admettra cependant que cette formidable lutte, sans exemple dans l'histoire, puisse se terminer de telle façon que tout demeure dans le même état qu'auparavant. Cette solution ne serait acceptable que s'il n'y avait ni vainqueur ni vaincu. Mais les causes profondes de la guerre, aussi bien que les événements accomplis jusqu'ici, excluent une semblable hypothèse. Dans la conjoncture actuelle, on ne résoud pas le problème par la simple déclaration : Nous sommes adversaires de toute politique de conquête et, par conséquent, également de toute modification des frontières politiques et de toute annexion...

« Si la Belgique recouvre son indépendance, dans ce cas elle sera bien davantage encore qu'auparavant un ouvrage avancé de l'Angleterre sur le Continent.

« C'est pourquoi le sort de la Belgique ne peut être tranché en ne tenant compte que de ce pays ; sinon nous devrions nous attendre à voir se former, dans un avenir peu éloigné, une nouvelle coalition beaucoup plus effective et plus forte contre les puissances de l'Europe centrale. »

Au mois de mars 1915, les plus puissantes organisations politiques, depuis la Ligue des Agriculteurs jusqu'à l'Association des classes moyennes, pétitionnèrent au Reichstag pour que la libre discussion de conditions de paix fût autorisée. Le Gouvernement s'y refusa énergiquement pour des « raisons d'État » ; mais le 25 avril, M. Dernburg faisait au Club de l'université de Brooklyn une conférence au cours de laquelle, pour amadouer les États-Unis, il crut pouvoir déclarer que l'Allemagne consentirait à évacuer la Belgique et le nord de la France si on lui garantissait la liberté des mers et la liberté de se développer hors d'Europe. La presse conservatrice exigea aussitôt que M. Dernburg fût désavoué.

Dans la première quinzaine de mai 1915, M. Scheidemann, député socialiste au Reichstag, affirmait que les dirigeants de l'Empire restaient fidèles à la déclaration contenue dans le discours du trône du 4 avril, disant que l'Allemagne ne voulait pas faire une guerre de conquête. Peu après le *Vorwaerts* annonçait que la Ligue militaire, lors d'une réunion tenue à Berlin le 20 mai, avait adressé un appel au chancelier de l'Empire pour réclamer de nouvelles annexions territoriales.

Le 28 mai, M. von Bethmann-Hollweg déclara au Reichstag : « Il est nécessaire que nous conduisions la guerre jusqu'à ce que nous ayons obtenu toutes les garanties et sécurités possibles pour que dans l'avenir aucun de nos ennemis ne puisse à nouveau engager la lutte contre nous. » Le lendemain, le comte Westarp adoptait le point de vue du chancelier et précisait ainsi : « Il s'agit de reconstruire notre maison plus solidement encore qu'auparavant. Nous ne devons pas reculer devant des annexions nécessaires pour la sécurité durable de ce pays. »

M. Schiffer, du parti national libéral, appuya la manière de voir du comte Westarp et les commentaires de la presse donnèrent l'impression très nette que le gouvernement n'avait pas fait siennes les déclarations de M. Dernburg à l'université de Brooklyn.

Du reste, le roi de Bavière lui-même se chargea de dissiper tous les doutes. Il déclara que le sang précieux qui a coulé ne doit pas avoir été versé en vain et que l'Allemagne est en droit de compter sur une issue directe du Rhin vers la mer.

Il rencontra une approbation sans réserve, tant en Bavière qu'en Allemagne. Commentant le discours royal, les *Dernières Nouvelles de Munich*, qui représentent en Bavière l'élément militaire et travaillent l'opinion dans le sens de la politique impérialiste, écrivirent que tel devait être, en effet, le but final de la guerre.

« Si, écrivaient-elles, les nécessités militaires exigent l'élargissement de nos frontières, c'est un devoir d'exiger que cette modification des frontières ait lieu. Pour la première fois, dans un lieu officiel, on parle de nécessité d'extension de nos frontières, mais cette question se posait : Où ? A quels endroits ? Maintenant notre roi a répondu à cette question : « Il faut un estuaire allemand « du Rhin. »

« Le roi a parlé avec une telle certitude que chacun doit en conclure que quand on fera la paix, on pourra mettre la main sur la Belgique, tout au moins pour ce qui touche à l'estuaire du Rhin et qui est nécessaire pour assurer notre avenir militaire et économique. »

Ainsi donc le roi de Bavière ne se bornait pas à s'en prendre à la Belgique, mais aussi à la Hollande avec qui l'Allemagne n'est pourtant pas en guerre, car l'estuaire du Rhin, est — le roi de Bavière l'ignorait peut-être, — non pas en Belgique, mais en Hollande.

Dans le *Tag*, M. Richard Kalber publiait que si

l'Allemagne est victorieuse, elle a le devoir, pour assurer une paix durable, de se constituer une frontière solide du côté de l'Angleterre et de la Russie, et que la théorie de ne pas accroître son territoire ne peut avoir germé que dans le seul parti socialiste qui vit dans les nuages.

Voici le texte des exigences formulées dans un mémoire remis au chancelier allemand par MM. Rossicke, pour la Ligue agrarienne ; Vacchorst de Vonte, pour la Ligue des paysans ; Rœtger, pour l'association centrale industrielle ; Friedrichs, pour la Ligue industrielle et Tberlé, pour la Ligue bourgeoise :

1° La conquête d'un empire colonial ;

2° L'annexion de la Belgique au point de vue économique, politique, monétaire, financier, postal et voies ferrées ;

3° Annexion des territoires français jusqu'à la Somme ; acquisition des mines de Briey, des forteresses de Verdun et de Belfort ; acquisition de la ligne de la Meuse et des canaux français y compris les charbonnages du Nord et du Pas-de-Calais ;

4° Indemnité de guerre de la France suffisante pour que sa puissance économique et ses propriétés foncières, moyennes et grandes passent aux mains des Allemands ;

5° Annexion à l'est d'une partie des provinces de Prusse occidentale, de Posen et de Silésie ;

6° L'indemnité de guerre à prélever sur la Russie consistera surtout dans les pays annexés

2

dont il est question dans le mémoire du 20 mai.

Tout cela est un programme minimum qui rallie plus de sympathies en Allemagne, même chez les socialistes, que le programme abstentionniste des dissidents internationalisés.

Le socialiste Heilmann, dans la *Voix du peuple* de Chemnitz, nous apprend aussi quelles sont les intentions des siens à l'égard de l'innocente Belgique :

« Une fois battus, nos ennemis doivent expier le crime d'avoir attaqué l'Allemagne. Leur donner la possibilité de nous sauter à la gorge quand ils le veulent sans qu'il leur en coûte rien, ce serait de notre part la folie du suicide. Nous devons donc dire à nos ennemis que la partie est perdue pour eux et que chaque jour pendant lequel ils hésitent à se reconnaître vaincus leur coûtera cher. Ces menaces seules nous permettront d'obtenir la paix que nous avons vainement demandée à la justice de nos ennemis.

« Laissons aux enfants et aux fous le pays des songes. Nous traversons une période comme celles de 1866 et de 1870. Nous combattons contre des gens qui, économiquement, doivent venir à nous, et contre des étrangers dont nous ne tolérons pas l'immixtion ».

On connaît les annexions « économiques » de l'Allemagne : le Sleswig-Holstein, le Hanovre, l'Alsace-Lorraine en sont des exemples caractéristiques.

Voilà un échantillon des méthodes socialistes allemandes.

Le député socialiste Strœbl a reconnu dans le *Vorwaerts* que plusieurs membres du groupe socialiste à la Diète prussienne s'étaient prononcés pour l'annexion économique de la Belgique par la violence !

Un autre socialiste, le citoyen Pens, publiait dans la revue *Pie Menscheet* de Berne, la déclaration suivante, reproduite par le *Vorwaerts* du 11 juillet 1915 :

« Si l'Allemagne reste maîtresse de la Belgique jusqu'à la fin de la guerre, je ne vois aucune injustice à ce que ce dernier pays soit *contraint* à devenir un membre de la Fédération des États de l'Europe centrale... »

Voilà bien ce qui est au fond du cœur de la plupart des chefs du socialisme allemand. L'on peut être certain que c'est ce que pensent les Geck et les Fischer lorsqu'ils disent qu' « il faut conserver les territoires occupés, au moins comme objet de compensation », ou qu'ils expriment le désir « qu'une paix ne soit conclue que sur une base qui apporte une récompense aux sacrifices d'argent et de sang, et la garantie qu'une tuerie pareille des peuples ne pourrait plus avoir lieu à l'avenir ».

Ces députés socialistes parlent exactement comme la *Deutsche Zeitung* agrarienne, la *Gazette du Rhin et de Westphalie*, organe des grands métallurgistes Krupp et autres, et la *Gazette de la Croix*, journal des hobereaux et du corps d'officiers prussiens.

A une majorité de 90 voix contre 50, le groupe social-démocrate au Reichstag allemand et le Parteiausschuss, la plus haute autorité du parti après le Congrès national, se sont refusés à approuver la seule phrase qui repoussât tout rattachement forcé, politique et économique, de la Belgique à l'empire d'Allemagne.

La Social-démocratie avait prononcé la condamnation des petits États « destinés à disparaître ou à graviter dans l'orbite des grandes puissances; la *Chemnitzer Volksstimme* s'est prononcée catégoriquement à ce sujet.

En janvier dernier, on s'occupa de la Belgique au Landtag prussien. M. Hirsch, député socialiste de Berlin, déclara que l'autonomie politique et économique de l'Allemagne, ainsi que son indépendance doivent rester intactes, mais que celles des autres peuples doivent l'être aussi.

« Nous demandons, disait-il, le rétablissement de la pleine indépendance de la Belgique. »

Le gouvernement se garda bien de répondre, mais un national-libéral, M. Friedberg, déclara tout net que la restitution de la Belgique serait une grande folie.

« La Belgique, ajouta-t-il, est un gage pour la paix telle que l'Allemagne la veut; la Belgique a participé au complot contre l'Allemagne. Nous demandions à la Belgique le libre passage sur son territoire alors que l'Entente exige de la Grèce qu'elle sorte de la neutralité. »

Et le Landtag prussien prouva que cette opinion est bien la sienne en refusant la parole aux députés socialistes Liebknecht et Ledebour qui voulaient prolonger la discussion.

Il ne faut même pas attacher d'importance à une manifestation comme celle de Hirsch : n'est-ce pas simplement une parade destinée à amorcer les neutres et même des socialistes belges qui ont encore un penchant pour l'Internationale ?

Évidemment le ton a changé depuis quelques mois ; les dirigeants allemands aux abois tiennent à ce que l'on parle le moins possible des conditions que l'on comptait poser dans l'enivrement de la victoire. Mais peut-on, du jour au lendemain, refréner des appétits si fort aiguisés ? Non, n'est-ce pas ? Et les prétentions d'hier sortent aujourd'hui par la bouche des énergumènes.

Voici un document authentique établissant que, quatre mois avant la guerre, l'Allemagne proposait insidieusement à la France de partager le Congo belge et de supprimer l'indépendance de la Belgique. C'est une lettre adressée à M. Davignon, ministre des Affaires étrangères, le 2 avril 1914, par le baron Beyens, ministre de Belgique à Berlin, aujourd'hui ministre des Affaires étrangères. Nous en soulignons les passages principaux, en concordance avec le traité de Tannenberg :

Berlin, le 2 avril 1914.

MONSIEUR LE MINISTRE,

M. l'Ambassadeur de France m'a fait part ce matin confidentiellement d'une conversation qu'il avait eue tout dernièrement avec M. de Jagow, après un dîner intime auquel il avait été invité chez ce dernier.

Pendant une récente absence de M. Cambon, le Secrétaire d'État aux Colonies, rencontrant le Chargé d'affaires de France dans une soirée et, quelques jours après, l'attaché naval, leur avait dit que l'Allemagne et la France devraient bien s'entendre pour la construction et le raccordement des lignes de chemin de fer qu'elles projetaient de construire en Afrique, afin que ces lignes ne se fissent pas concurrence.

M. Cambon demanda ce que signifiaient ces ouvertures. M. de Jagow répondit que la question était encore à l'étude, mais qu'il était d'avis, comme M. Solf, qu'une entente entre les deux pays et aussi avec l'Angleterre serait des plus utiles. Dans ce cas, reprit l'ambassadeur, il faudrait inviter la Belgique à conférer avec nous, car elle construit de nouveaux chemins de fer au Congo et, à mon sentiment, il serait préférable que la Conférence se tînt à Bruxelles.

— Oh ! non, répondit le Secrétaire d'État, car *c'est aux dépens de la Belgique que notre accord devrait se conclure.* — Comment cela ? — Ne trouvez-vous pas que le Roi Léopold a placé sur les épaules de la

Belgique un poids trop lourd ? *La Belgique n'est pas assez riche pour mettre en valeur ce vaste domaine.* C'est une entreprise au-dessus de ses moyens financiers et de ses forces d'expansion. *Elle sera obligée à y renoncer.*

L'ambassadeur trouva ce jugement tout à fait exagéré.

M. de Jagow ne se tint pas pour battu. Il développa l'opinion que seules les grandes puissances sont en situation de coloniser. Il dévoila même le fond de sa pensée en soutenant que *les petits États ne pourraient plus mener, dans la transformation qui s'opérait en Europe au profit des nationalités les plus fortes*, par suite du développement économique et des moyens de communication, *l'existence indépendante dont ils avaient joui jusqu'à présent. Ils étaient destinés à disparaître ou à graviter dans l'orbite des grandes puissances.*

L'ambassadeur répondit que ces vues n'étaient pas du tout celles de la France ni, autant qu'il pouvait le savoir, celles de l'Angleterre ; qu'il persistait à penser que certains accords étaient nécessaires pour la mise en valeur de l'Afrique, mais que, dans les conditions présentées par M. de Jagow, toute entente était impossible.

Sur cette réponse, M. de Jagow se hâta de dire qu'il n'avait exprimé que des idées toutes personnelles, qu'il n'avait parlé qu'à titre privé et non en secrétaire d'État s'adressant à l'ambassadeur de France.

M. Cambon n'en attache pas moins une signification très sérieuse aux vues que M. de Jagow n'a pas craint de dévoiler dans cet entretien. Il a pensé qu'il était de notre intérêt de connaître les dispositions dont le dirigeant officiel de la politique allemande est animé à l'égard des petits États et de leurs colonies.

J'ai remercié l'ambassadeur de sa communication absolument confidentielle. Vous en apprécierez certainement toute la gravité.

Veuillez agréer, etc...

Baron BEYENS.

On voit de quel mépris témoigne l'Allemagne pour les petits pays. Que l'Allemagne ait besoin de l'accès à la mer dont dispose la Hollande, ou de quelque point stratégique en Scandinavie, en Ibérie ou dans les Balkans, elle ne s'embarrassera d'aucun scrupule. On la verra mettre la botte sur le petit pays en chargeant ses *herr-doktors* de prouver la légitimité de son droit.

De temps en temps un Allemand se déguise en Suisse pour inviter les Belges à demander à l'Europe de faire la paix : « Traitons, ou du moins commençons à causer ; l'Empire allemand se montrera bon prince ; pas d'annexion à l'ouest ; à l'est, la constitution d'une Pologne indépendante comblerait tous nos vœux. »

La *National Zeitung* de Bâle écrivait en septembre 1915 :

« Par la bouche du chancelier de l'Empire, l'Allemagne a fait connaître assez clairement le but qu'elle poursuit dans cette guerre ou ses conditions de paix. A l'est, de grandes modifications sont projetées ; c'est ainsi qu'un royaume de Pologne indépendant doit être créé, mais on ne sait encore sous quelle forme. Pourtant, une conclusion unique s'impose si l'on considère les projets de grandes transformations dans l'Est : c'est que dans l'Ouest on ne poursuit pas d'annexions... Il est clair que le chancelier de l'Empire ne pouvait pas proclamer formellement la restitution de la Belgique et la restitution des provinces françaises. Car il va de soi que ces territoires, lors des pourparlers en vue de la paix, joueront un grand rôle en tant que gages. »

La *Neue Zürcher Zeitung* journal germanophile de la Suisse allemande faisait connaître, à la fin de décembre 1915, les conditions énoncées par les « cercles allemands bien informés ».

La Belgique conserverait son indépendance, à la condition que des traités, peut-être aussi des gages, rendent impossible la répétition des événements de 1914. Une absorption complète de la Belgique serait du reste vivement combattue dans la grande industrie allemande, la suppression des barrières douanières devant amener pour cette dernière une situation intolérable aussi longtemps que les conditions du travail en Belgique sont plus larges qu'en Allemagne, faute d'une loi suffisante sur les fabriques. Même la création d'une union douanière demanderait une période transitoire d'au moins cinq ans. Par contre, la Belgique devrait payer à l'Allemagne une contribution de guerre annuelle du montant de ses anciens budgets militaires. L'Allemagne exercerait la police en Belgique jusqu'à ce que le paiement soit achevé.

Toujours la sujétion de la Belgique ! cette

idée hante l'Allemagne. On écrit de Hollande au *XXe Siècle* (n° du 11 mars 1916) :

« Un industriel hollandais, français d'origine et dans le jugement duquel j'ai pleine confiance, est rentré hier d'un voyage à Cologne où il a passé trois jours.

Voici son appréciation :

« Ville calme, comme en temps normal, beaucoup d'enthousiasme pour les événements de Verdun !

« Énormément d'officiers dans les hôtels où ils mènent large vie. Beaucoup de jeunes soldats dans les rues.

« Aucune trace de misère, ni de mouvements d'insurrection. Le moral est bon.

« On dit là-bas que la guerre durera deux ans et cessera, faute d'argent du côté des Alliés. L'Allemagne se contentera des pays conquis !... et de la Belgique ! »

En mai 1915, M. Ulrich Rauscher a essayé de montrer dans la *Gazette de Francfort*, les titres de l'Allemagne sur la Belgique. Cela remonte à Charles le Téméraire et à Charles-Quint. Parce que la Belgique fut un État héréditaire de la famille de Habsbourg, elle doit être absorbée par l'Allemagne. Voici le pompeux factum :

A l'église Notre-Dame de Bruges, côte à côte sur des sarcophages de marbre, reposent les figures d'or de Charles le Téméraire de Bourgogne et de sa fille Marie de Bourgogne, femme de Maximilien Ier de Habsbourg. Tous deux reposent dans les lignes solennelles du gothique, mains jointes, couronne en

tête, la bête favorite à leurs pieds. La *Pieta* de Mi-
chel-Ange, qui se trouvait dans une chapelle con-
tiguë, a été sauvée devant l'ennemi avançant.
Charles le Téméraire et sa fille ne pouvaient être
dissimulés. Les voilà raides et précieux, comme
pétrifiés : deux pierres fondamentales d'une histoire
qui, enfin, est en train de se réaliser. Si une bombe
d'aviateur anglais ne détruit pas leurs visages polis,
ils pourront voir le vainqueur se pencher vers leur
couche dorée.

Ich hab's gewagt mog's gelingen

dit la devise du dernier des Bourguignons, qui, dans
un grand enjeu, perdit la vie et la couronne.

Charles le Téméraire était le dernier duc d'une
branche secondaire de la maison royale française :
sa fille Marie épousa le dernier des Habsbourg et
devint la grand'mère de Charles V, de sang espa-
gnol, de religion romaine, de langue française, mais
en qui l'antagonisme historique vis-à-vis de la France,
qui, malgré Kaunitz, est resté jusqu'aujourd'hui dans
les Habsbourg, poussa à la première victoire sur la
France. Jusqu'à l'invasion des armées de la Révolution, la Belgique actuelle est restée habsbourgeoise,
donc dans les mains de l'ennemi de la France : mais
lorsque, en novembre 1830, le royaume de Belgique
fut fondé, la France, en dépit de toutes les anciennes
nationalités, avait triomphé de telle sorte que ses
parents de race accaparèrent la suprématie dans le
nouvel État. Il n'était que logique que ce fussent
ses armées qui, en 1832, aient obligé les Hollandais
d'abandonner la ville d'Anvers bas-allemande.

Les deux figures d'or de Bruges reposent sur une
des bornes de l'histoire européenne. Que cette borne
n'ait pu définitivement diviser le flot, c'est une des
raisons profondes de la guerre actuelle.

Des Belges, à qui les rouages de leur État n'ins-
piraient pas confiance et qui, pour cette raison,
cherchaient des liens intérieurs plus solides, ont
considéré que la souveraineté d'un siècle de la maison bourguignonne formait le principe historique
de la nationalité belge. Rappelant fièrement la splen-
deur de jadis, ils racontaient que la révolution de
1830 avait eu simplement pour résultat le rétablissement logique d'une situation détruite injustement.
Par contre, des Allemands qui, par-dessus le nouvel
Empire, ne parvenaient pas à oublier l'ancien, te-
naient le contrat de mariage de Marie de Bourgogne
sous le nez des Belges comme une note impayée et
réclamaient leur retour immédiat dans la maison
paternelle, si même ils n'allaient pas jusqu'à se souvenir de l'héritage carolingien. Il y a à peine moyen
de parler de ces deux revendications. Mais des conclusions que tirent les deux partis de l'histoire, naît
ce fait que je tiens pour important : les puissances
orientales et occidentales, la germanique et la romaine, comprirent qu'entre l'Escaut et la Meuse est
un territoire dont la possession, dans la lutte pour
l'existence des deux peuples, pouvait, en quelque
façon, faire pencher la balance.

Certes, ni la maison de Bourgogne, ni la maison
des Habsbourg n'ont entrevu ce grand rapport, puis-
qu'il ne s'agissait pour elles que de prédominance
et de secondo-génitures ; mais la conclusion est ap-
parue de plus en plus nettement : elle fut nettement
anti-française en Charles-Quint, elle fut l'étoile con-
ductrice des armées de la grande Révolution et elle
domina la diplomatie et la politique du siècle suivant.

Elle ne fut naturellement pas l'origine de notre
actuelle lutte pour l'existence. Mais, même si la Belgique était restée en dehors de cette guerre, ce n'est

pas la question franco-allemande qui eût trouvé sa
solution entre la Meuse et l'Escaut, dans le renou-
vellement de la figure du monde qui doit succéder
à cette guerre-ci, ou, — ce dont Dieu nous préserve !
— à une autre guerre.

Que cette question soit devenue graduellement une
question germano-anglaise, c'est là le résultat d'une
des pires myopies des hommes d'État londoniens.

Pitt, mourant pendant l'éclat haï de l'ascension
napoléonienne, a laissé un testament dans lequel on
peut lire : « La France est l'ennemi éternel et puissant et le concurrent de l'Angleterre, la plus puissante
monarchie du continent. Elle doit être combattue,
vaincue et surveillée par un gardien-frontière à l'est :
la Prusse qui, à cet effet, doit être rendue forte par
l'incorporation de tous les pays allemands de ce côté
du Rhin en y comprenant les anciens États bourguignons. » Ainsi dit Pitt.

Napoléon tomba, l'Empire naquit autour d'une
Prusse à laquelle personne, un demi-siècle plus tôt,
n'eût pu penser. Maintenant c'est l'Allemagne qui
devenait la plus puissante monarchie du continent,
qui même devenait une puissance maritime. Pour
établir la nouvelle recette, devenue indispensable,
de la politique anglaise, allait-il suffire simplement
de remplacer dans le testament de Pitt un nom par
l'autre, la France par l'Allemagne ?

Les hommes d'État d'Angleterre ont fait cela, né-
gligeant de considérer deux choses : que la tendance
agressive, que Pitt n'a pas été le seul à vérifier chez
les Français, fait défaut aux Allemands, que donc
leur puissance devait être appréciée d'une toute
autre façon ; — et que la puissance allemande n'était
pas échafaudée sur des richesses matérielles, une
diplomatie rusée, une renommée historique, — toutes
choses contre lesquelles il y a moyen d'agir, — mais

bien sur une force élémentaire, santé, abondance de jeunesse, jeune appétit, discipline au labeur, sur des qualités enfin qui ont rendu forte et parfois désagréable la plus jeune des puissances.

Le mot, souvent employé, de « parvenu » ne s'applique bien qu'à quelques groupes qui n'ont que trop bien réussi. C'eût été résolution plus intelligente de tirer de causes différentes des conclusions différentes, de reconnaître qu'une certaine espèce de puissance, si grande qu'elle puisse être, peut être détruite, tandis qu'on ne parvient pas à en détruire une autre ; qu'une certaine espèce de puissance doit constamment tendre à donner des preuves de sa force, qu'une autre se contente de ses effets naturels et pour cette raison pacifiques. Cela eut conduit au pacte et par suite à la paix mondiale.

L'Angleterre en a décidé autrement. Elle a commis la vieille faute de tous les détenteurs de puissance : vouloir s'opposer de force à de nouvelles forces qui s'offraient à la collaboration. Elle a cru pouvoir saisir le moment propice à la destruction de cette force en voie d'ascension. Elle doit en subir la conséquence : c'est-à-dire qu'il lui soit enlevé par la lutte ce qu'elle eût pu réaliser en grandeur par l'accord.

L'Angleterre a participé à la guerre pour la Belgique. Cela est hors de question. Mais point parce qu'il y avait en question un droit ou une injustice, mais parce qu'elle aussi savait que l'antagonisme franco-allemand — dont nous ne portons pas la faute — se réglera en Belgique, à l'embouchure de l'Escaut, et que c'est là que la prédominance finale recevra son couronnement.

Elle n'eût pas accordé un pouce de territoire à une France victorieuse. Aussi longtemps que, contrairement aux idées de Pitt, elle destine la France à la garde de la frontière contre l'Empire, elle doit tout craindre 'si l'Allemagne passe au delà de la Meuse. Ainsi, elle nous a prescrit elle-même notre chemin : le coup de massue est la meilleure défense et c'est celui qui prévient l'ennemi qui a l'avantage.

Si des gens pensant autrement, à raison d'autres dispositions d'esprit, demandent : « D'où soudain ce besoin ? Qui de vous, avant la guerre, a jamais considéré la Belgique autrement que comme un fait, auquel il n'y a rien à changer ? », il faut répondre : « Nous avons également considéré la volonté de paix de la France, de l'Angleterre et de la Russie, comme un fait accompli ; nous avons tenu la guerre pour un moyen impropre, et considéré comme l'expression de notre époque et de nos sentiments, la lutte pacifique entre les nations, sans nouveau partage de la surface du globe. Aujourd'hui, gardant, en dépit des sarcasmes, l'idée de la paix éternelle ancrée au cœur, nous voulons pour toute guerre à venir épargner les vies d'hommes de notre parenté que nous avons dû sacrifier cette fois, avant d'arriver au véritable ennemi. Cela n'est pas excitation de fanatiques des armements, mais une conséquence de la triste leçon de l'époque actuelle : *Même lorsque tu veux la paix éternelle tu dois te préparer à la guerre.* »

Aujourd'hui, que signifie encore « fait établi » ? Est-ce que, dans les fantastiques conditions de paix que se représentent nos ennemis, l'empire d'Allemagne est encore « un fait établi » ? Est-ce que les différends pour lesquels nous nous combattions avant la guerre, — est-ce que les choses réalisées à l'intérieur de l'Empire pendant la guerre sont déjà des « faits établis » ? Le temps a mis un point d'interrogation derrière tant de phrases de doctrine que nous sommes en droit de demander à tout dogme : « Qu'es-tu ? »

Aucun droit ne me semble plus respectable que le droit à la patrie où sont nées la langue et la nature de chacun : est-ce le droit le plus haut ? En naît-il, malgré tout, le droit inconditionnel pour chaque homme d'être maître de son destin ?

Nous avons vécu cette Allemagne qui, sous une pression formidable, rassembla ses forces, compta ses provisions, supprima les différences sociales, endigua les grossiers privilèges de la fortune, assura au pauvre, travail et pain : soumission souveraine de l'individu, quelles qu'aient pu être ses velléités personnelles, à l'ordre de la communauté. A cet idéal, quelles frontières tracer ? Nous reconnaissons le droit collectif d'une classe sociale, d'une commune ou d'une ville, d'un peuple, d'un État. Ne le reconnaissons-nous pas d'une race, d'un continent, de l'humanité ? Cela n'a rien à faire avec la nature, la langue, la peau de l'homme, mais bien avec ses vêtements, ses relations, sa voie, ses inclinations : toutes expressions de la volonté personnelle. Certes, jusqu'à présent, maintes choses ont fait figure de volonté collective naturelle, qui n'étaient rien autre chose qu'une tyrannie insipide, ou, pour s'exprimer d'une façon plus douce et plus allemande : pédantisme.

D'autre part, de faux idéalistes ont accordé à chaque motte de terre sa volonté personnelle. Ils ont permis à des États et à des Étaticules ce qui, depuis longtemps, avait été rejeté comme impossible dans les États pour des raisons de légalité ou de partis : l'individualisme sans bornes.

A bout d'arguments, ils se sont cantonnés dans l'idée, qu'ils prétendaient l'unique salvatrice, d'État national. Certes, l'État national est un idéal, semblable à l'État abstrait des économistes. Mais il ne constitue une nécessité qu'aussi longtemps qu'il a été et qu'il est fait violence à l'espèce et à la langue, selon le principe : *Cujus regio, ejus religio.*

Si ceux qui détiennent la puissance ne touchent plus à l'homme ; s'ils n'oppriment plus de collectivité ; si, au contraire, ils ont le dessein d'éduquer une volonté collective ; s'ils ne flairent pas une opinion dans le fait d'appartenir à une espèce ou de parler une langue, et « qu'être autrement » ne signifie pas encore « être ennemi » ; si « professer l'idée d'État » signifie la forme nécessaire du progrès, alors le temps est venu où l'État national doit faire place à une forme plus grande et plus haute, dans laquelle figure non la nation, mais l'humanité. Des formes toujours plus puissantes d'une volonté collective s'annoncent. Qu'elles se règlent selon les races ou les continents (*L'Europe aux Européens :* qui sait combien de temps cela aura encore des allures de bon mot !) ; que des chocs en retour se produisent, comme le rend vraisemblable cette guerre qui suscitera peut-être des groupements d'États et créera certainement des abîmes de sentiments et d'idées entre les peuples d'Europe ; que ce groupement collectif se produise par le fait d'une pression extérieure ou par la libre volonté, cela est indifférent. Les temps approchent où le sentiment national se manifestera par l'effort ardent pour chacun de voir sa propre nation constituer le noyau de la plus grande forme internationale d'une volonté collective.

La véritable politique est comme le miroir de Banco : les fronts couronnés des temps les plus reculés y luisent encore. Retournons donc au jour présent et à demain, à « *la Belgique et ce qui en dépend* », comme le vieux Arndt a intitulé son article où, déjà en 1831, il mettait en garde contre l'expédient d'une Belgique neutre, qui constitue un danger pour la paix.

C'est à l'Escaut que la bataille est menée à la fois contre l'Angleterre et la France. Si nous ne l'y avions portée, nos ennemis l'eussent fait, non pas pour de haïssables raisons égoïstes qu'ils nous reprochent actuellement, mais parce que, pour certains combats, certains champs de bataille sont naturellement indispensables.

La Lombardie, les plaines devant Vienne, la Prusse Orientale, l'Alsace, le Brabant et les Flandres : une victoire à l'un de ces endroits signifie un résultat déterminé, qui ne peut être obtenu nulle part ailleurs. Presque toujours ces champs de bataille traditionnels sont des endroits-frontières (pas toujours des pays-frontières), plus rarement les glacis d'une ville représentant un pays.

Pourquoi cet honneur sanglant est-il dévolu au Brabant et aux Flandres ? Parce qu'il y a là la frontière de deux mondes, — non pas encore la frontière, mais le pays-frontière qu'aucun de ces deux mondes, jusqu'à présent, n'a pu s'annexer. Le traité de neutralité n'était rien autre chose que la tentative d'inhiber la lutte pour la possession de ce pays-frontière. On croyait pouvoir entraver des développements par des clauses, comme on espérait apprivoiser des guerres par des paragraphes. C'est quelque part ailleurs, loin, à côté de la Turquie, qu'éclata l'étincelle, mais la flamme pénétra aussitôt par l'ancienne fissure dans l'immeuble européen.

Ils disent que nous avons rompu un traité. Qu'ils le disent. Mais c'était un traité contre nature, qui pouvait tout au plus tenir pendant... la paix. L'antique champ de bataille attira à soi les épées, comme un aimant : maintenant va se décider quelle avant-garde, désormais, occupera le pays-frontière autour duquel on s'est disputé.

Nous ne voulons pas instaurer des chambres de Réunion et sommes loin de l'idée superficielle qu'une augmentation de territoire soit, sans plus, une augmentation de puissance. Mais pour les Allemands d'aujourd'hui continue encore d'avoir valeur ce qu'écrivait Bismarck le 1er septembre 1870, dans la *Norddeutsche Allgemeine Zeitung* : « Le désir de gloire et de conquête ne peut pas nous guider, et tout aussi peu l'orgueil, qui nous est beaucoup reproché par la presse étrangère, mais simplement le dessein d'assurer la sécurité de l'Allemagne. » Notamment du côté du sud, continuait alors Bismarck.

Est-ce que quelqu'un aujourd'hui, dans le neuvième mois de guerre, peut méconnaître ce que signifient pour notre vie les provinces rhénanes et la Westphalie et leur sécurité ?

Mais aujourd'hui, nous devons penser plus loin, au delà même de la nécessité de notre sécurité.

Après la guerre, se produira une antipathie entre nations. Ce que le vainqueur devra imposer au vaincu pour assurer sa sécurité, contribuera probablement à augmenter cette antipathie. Mais s'il — disons tranquillement : mais si nous restons dans les limites de la nécessité tracées par Bismarck, ce ne sera en aucun cas la raison de l'antipathie naissant de l'amertume de l'insuccès. Par la garantie de notre sécurité, nous garantirons l'Europe centrale contre le retour d'une nouvelle et prochaine guerre et nous formerons sur le continent la première figure d'une volonté collective équitable, qui constituera le noyau d'un organisme européen.

Renforcement national en faveur de nous-mêmes

et de l'unité internationale de l'avenir : ce ne sera pas un chancelant groupement de citoyens du monde, mais l'indispensable transformation d'une politique d'alliances qui a presque fait périr l'Europe avec ces mécaniques mouvements successifs.

Est-ce d'un idéalisme ignorant des contingences que de parler d'unité dans la liberté pendant que la discorde nous mène au combat et nous y conduira encore? Créer de nouveaux moules n'a de sens que lorsque le métal bout et se prépare à couler.

Considérées de ce point de vue, les deux figures d'airain à Bruges, Charles de Bourgogne et la mère des Habsbourg, ne reposent plus sur une borne frontière, mais au cœur de l'Europe. En tout cas, ils devront encore longtemps attendre le pèlerinage d'union.

Aujourd'hui, le meurtre, avec tous les moyens nouveaux de la technique, fait rage et le mot « Europe » sonne à la façon d'une légende. Si cependant l'on porte sa pensée plus loin que le jour, plus loin que l'an, plus loin que le siècle peut-être, ce mot n'a jamais été plus justifié qu'aujourd'hui, pendant qu'une histoire séculaire va se réaliser. C'est aux lits des morts qu'on entend le plus souvent parler de vie éternelle.

A la fin de décembre 1915, la *Neue Zurcher Zeitung* faisait connaître les conditions de la paix allemande ; la Belgique, désarmée militairement et économiquement n'était plus qu'un satellite de l'Allemagne. En février 1916 il y a amélioration pour la Belgique. Voici comment s'exprime le journal allemand zurichois :

Étant donné que de nombreux savants allemands se sont déclarés hostiles à toute annexion, et qu'au Parlement britannique lui-même, des voix se sont fait entendre en faveur de la paix, les neutres peuvent bien insister pour la reconnaissance du principe de non-annexion, et demander aux belligérants d'adopter une attitude conforme à ce principe. Les idées de paix déjà développées antérieurement dans la *Neue Zurcher Zeitung* présentent des inconvénients qui rendent compréhensible leur rejet par les Puissances de l'Entente.

Précisément en un point sans la solution approfondie duquel il est impossible de songer de bonne foi à la paix sérieuse, en un point qui concerne la violation la plus directe du droit des neutres, c'est-à-dire en ce qui concerne la Belgique, on fait des *exceptions inadmissibles et injustifiées* au principe de non-annexion. D'après les « idées de paix » développées dans ce journal, la Belgique ne doit pas être « complètement absorbée », mais partiellement ; elle ne recevrait plus son autonomie réelle, elle serait rendue définitivement dépendante des Puissances centrales par des « gages » et des contributions de guerre annuelles, de façon qu'elle serait mise dans l'impossibilité de s'armer militairement et de se défendre.

Dans cette question, les États neutres ne peuvent qu'adhérer à la déclaration attribuée au Pape, savoir que « la Belgique doit, en tant que cela soit possible, être indemnisée » pour le préjudice subi, car chaque opération militaire et chaque application du droit de guerre sur son territoire a constitué une violation du droit des gens ; or, une paix sincère ne peut pas admettre la continuation de tels actes. Au surplus, « l'idée de paix » concernant la Belgique ne renonce pas à l'annexion de la Belgique à cause du principe de non-annexion formulé au commencement du présent article, mais simplement parce que l'annexion de la Belgique ne serait pas favorable à l'industrie allemande. Aussi longtemps que cet esprit, *qui a fait déclarer chiffon de papier un traité de garantie trois fois juré*, n'aura pas été écarté, il ne peut pas être question d'une volonté sérieuse de faire la paix et de rétablir le droit des gens, et on ne peut envisager la possibilité d'une intervention des neutres.

Ce sont là des vérités qu'une autorité ne peut pas dire, mais qu'un particulier doit précisément dire. Pour le rétablissement complet de la Belgique, de préférence avec renforcement, par exemple *au moyen d'un traité d'alliance défensive avec la Hollande*, il faut *l'affirmation du principe de l'autonomie et de l'indépendance des peuples*, principe qui doit être reconnu par tous les amis réels d'une paix durable.

Il faut que les belligérants admettent, dit expressément le journal zurichois, qu'un principe s'impose aujourd'hui à tout le monde, à savoir *la Renonciation aux Annexions*.

Quand la victoire s'éloigne des Allemands, leurs principes se modifient avec une étonnante facilité. Mais il leur est difficile de renoncer à la proie, ainsi qu'en témoigne la résolution suivante adoptée en mars 1916 par le parti catholique bavarois réuni en ce qu'il appelle lui-même un congrès de guerre :

Notre point de vue dans la guerre sous-marine est celui-ci, aucune reculade quant aux lignes principales tracées dans le mémorandum du gouvernement et surtout ne faisons preuve *d'aucune espèce de sentimentalité* dans la conduite de la guerre. Seuls les intérêts du peuple chrétien allemand doivent être considérés. Quant au but de la guerre, nous désirons qu'une paix durable soit établie nous donnant des garanties au sujet de notre développement économique et culturel. Nous voulons le renforcement de l'Allemagne mais aussi le renforcement religieux et moral du peuple allemand tout entier. En principe *nous nous prononçons pour des annexions autant qu'elles nous sont nécessaires ou utiles.*

L'asservissement de la Belgique, c'est l'idée qui hante tous les Boches; si ce n'est pas par l'annexion, ce sera par le rétablissement de cette neutralité qu'ils ont violée avec la désinvolture que l'on sait.

Annexion ou neutralité! Tout ce qui sépare les milieux politiques allemands au sujet de l'avenir de la Belgique, tient en réalité dans ces deux termes. Tous les Boches sont d'accord pour vouloir asservir la Belgique à l'Empire. Ils ne diffèrent que sur les moyens à employer. Les uns croient encore qu'il est possible à l'Allemagne de réaliser purement et simplement son rêve d'annexion. Les autres, comprenant qu'il n'y faut plus penser, se contenteraient, comme pis-aller, d'une situation qui, en paraissant respecter l'indépendance de la Belgique, la placerait sous le joug de Berlin,

Une discussion concernant la Belgique s'est élevée entre la *Gazette de Francfort* et le comte von Reventlow, le collaborateur de la *Deutsche Tageszeitung*. La *Gazette de Francfort* a montré, sous une forme abstraite, l'importance de la neutralité de la Belgique, fondée sur le droit international, et en a tiré des conclusions en vue des relations de l'Allemagne avec la Belgique et de ses relations futures avec l'Angleterre. Le comte von Reventlow a relevé cet article et lui a répondu avec une opiniâtreté qui se rapporte peut-être moins au contenu de l'article qu'au fait que le rédacteur de la *Deutsche Tageszeitung* supposait que derrière la *Gazette de Francfort* se trouvaient des cercles très influents.

Le comte von Reventlow a reproché à la *Gazette de Francfort* d'avoir trop de confiance dans les traités et soutient qu'au fond les traités sont des questions de force. Pour la liberté des mers, que, selon la *Gazette de Francfort*, l'Allemagne pourrait s'assurer par des traités, M. von Reventlow affirme que cette liberté ne peut être établie en faveur de l'Allemagne que sur la base de la puissance navale de ce pays.

Dans un second article sur la situation de la Belgique, M. von Reventlow s'exprime plus clairement et déclare qu'il sera impossible de conquérir le cœur des Belges, de faire des acquisitions morales, de gagner l'amour de la Belgique libre et de lui donner une compensation idéale pour les garanties et sûretés réelles qu'on lui demandera et qui sont d'une nécessité absolue. Un

État belge, dans n'importe quelles circonstances et conditions, sera toujours, dit-il, un nid de haines et d'intrigues contre l'Empire allemand.

Oui, la Belgique violée au mépris des traités, ensanglantée, à demi détruite, odieusement opprimée, sera désormais et pour toujours un nid de haines contre l'Empire allemand. Le comte von Reventlow ne sait pas jusqu'à quel point il dit vrai. L'Allemagne peut faire son deuil de ses relations avec la Belgique. La conquête, que sa situation militaire ne peut plus lui assurer définitivement, ne pourra être remplacée par aucune autre combinaison.

Les Boches ont bien essayé d'endoctriner les Flamands, ils avaient même emboché à cet effet M. Kuyper, ancien premier ministre de Hollande. Ce personnage d'un pays neutre n'avait pas hésité à s'immiscer dans les affaires intérieures de la Belgique; il réclamait le droit, pour son pays, d'intervenir à la future conférence de la paix en faveur du statut des Flamands qu'il engageait à réclamer leur autonomie. On apprit peu de temps après qu'un mémorandum allemand préconisait l'annexion des Flamands à la Hollande et des Wallons à la France. C'était, on le voit, la reprise, sous une forme atténuée par l'insuccès de leur plan et de leurs espérances, d'un des articles du traité de Tannenberg.

L'histoire nous apprendra peut-être que le but principal en Occident de la grande guerre déchaînée par l'Allemagne était la conquête de la Belgique, du grand-duché de Luxembourg et du bassin de Briey.

En revendiquant les Flamands pour la Hollande, l'Allemagne avait l'arrière-pensée de mettre facilement la main sur la Hollande où elle comptait tant de sympathies, même pendant la guerre odieuse livrée par elle à la civilisation.

Donc, dans son numéro du 1er juillet, le *Standaard*, organe germanophile de l'ancien ministre Kuyper, exhortait la Flandre à demander maintenant le Home Rule à l'exemple de l'Irlande !... Nous comprenons qu'un ancien ministre hollandais se soucie peu de la force et de la cohésion nécessaires à un petit pays comme le nôtre. Les Belges, eux, ont le droit de s'en préoccuper et de négliger les conseils d'un ministre qui n'a aucun titre à leur particulière reconnaissance.

Manifestement, pour M. Kuyper, l'idéal du peuple flamand est d'être rattaché à la Hollande pour former une grande Néerlande, et l'autonomie de la Flandre — le Home Rule, comme il dit — serait un premier pas vers ce but.

Rencontre édifiante : C'est ce même idéal que proclame dans la livraison de juin du *Tijdspiegel* le fils du pasteur hollandais Domela Nieuwenhuys Nyegaard qui prétend diriger à Gand le mouvement flamand avec les autres rédacteurs de la *Vlaamsche Post*, organe stipendié par les Allemands.

Dans cet article, Domela Nieuwenhuis cherche à convaincre ses lecteurs que les Flamands n'ont pas à se préoccuper le moins du monde du point de vue belge. La Flandre avant tout, la Flandre seule ! L'idéal de la Flandre, d'après cet agent de la Prusse dont la *Vlaamsche Stem* ne rougit pas de reproduire de temps en temps le journal, est de former avec la Hollande une grande Néerlande !...

Voyez-vous se dessiner les grandes lignes du complot? Même pour les estomacs prussiens, la Belgique est un morceau difficile à digérer. Si l'Allemagne pouvait décider la France à annexer les provinces wallonnes et à permettre à la Hollande d'annexer les provinces flamandes, quelle victoire ! Condition préalable de cette opération, qui livrerait l'embouchure du Rhin, de l'Escaut et de la Meuse à l'Allemagne : il faut décider les Flamands à solliciter eux-mêmes leur réunion à la Hollande.

En réponse à cette intrusion de ce M. Kuyper, ancien premier ministre hollandais et ancien client du roi Léopold II, dans les affaires intérieures de la Belgique, le journal belge paraissant au Havre, *le XXᵉ Siècle*, publia le charmant article que voici de M. Henri Cochin, ancien député de Bergues; il fait allusion à une élucubration dans le genre de celle de M. Ulrich Rauscher que nous avons reproduite ci-avant :

Les Allemands, parmi les rêves nombreux qu'un rude réveil dissipe chaque jour, avaient fait celui de séduire l'âme flamande. Ils ne doutaient pas un instant d'y réussir. Quelle douce tentation était offerte au peuple flamand ! Se plonger, se fondre et disparaître dans les flots épais et voraces de l'Allemagne prussienne. Il n'y pourrait pas résister.

C'était bien mal le connaître. Le fond du caractère des Flamands est l'indépendance, l'amour de la personnalité flamande. Ils sont une race bien nettement caractérisée, très jalouse de son individualité, et tenant, par-dessus tout, à la faire respecter. Leur langue, leurs traditions sont à eux, bien à eux : il ne faut pas les leur discuter. A ce prix, au sein des divers pays libres entre lesquels la suite des siècles les a répartis, les Flamands sont d'incomparables patriotes.

J'ai eu vingt ans l'honneur de représenter un grand nombre de Flamands français en France. Depuis un an, ils versent un sang pur pour la patrie avec une générosité sublime qu'aucune autre province n'a surpassée.

Tout pareillement les Flamands belges, nos voisins, servent la patrie belge. Eux non plus n'ont pas épargné ni le cœur ni le sang. Tandis qu'il se battaient, la Flandre belge, leur pays, a appris à connaître l'Allemand par ses crimes d'abord, et ensuite la plus stupide oppression. Et il lui faudra, de plus, l'aimer ? Il semble que la réponse soit aisée.

* *

Mais l'Allemand comprend lentement. Il s'étonne encore que la Flandre tarde à reconnaître le charme du talon de botte dont elle est écrasée. L'inconscience de l'Allemand est toujours chose curieuse à observer ; elle lui fait alterner ses brutalités avec des gentillesses d'ogre.

J'en trouvais, ces derniers jours, des preuves instructives dans un numéro de la *Gazette de Francfort* qui m'est tombé dans les mains.

On lui écrit de Bruges. Son correspondant est le *premier bourgmestre* de Kassel. Il se nomme Koch. Il voyage, paraît-il, dans un but de bienfaisance : *Liebesgabenreise* ; — C'est une idylle ! Le bourgmestre Koch a quelques visées d'art et de littérature. Il sait pousser des oh ! et des ah ! sur chacune des beautés classiques du paysage bourgeois, le quai du Rosaire, le Béguinage, et les autres. Mais il arrive que chacun de ses cris d'amour semble un cri d'appétit. Il se pâme d'aise devant des trésors qu'il compte s'approprier. D'ailleurs il donne ses raisons. C'est un voleur qui raisonne. Pas un instant il n'aperçoit le caractère de ces beautés flamandes, qui devraient les tenir loin de son cœur et de sa main. Comme le filou classique qui disait : « Ceci *doit* être à moi ! » — il déclare : « Tout ceci *est allemand* ! »

Dans le paysage de Bruges, proclamé allemand sans conteste, son délice est de voir parader les soldats allemands. Seuls ils manquaient à Bruges. Comme ils font bel effet ! Voilà qu'au tournant d'un quai, notre homme voit déboucher, en tête d'une patrouille de cuirassiers, un massif lieutenant prussien ; il le trouve superbe ; il se pâme. On jurerait un seigneur allemand de la Renaissance, venu pour épouser quelque princesse de Bourgogne.

Merci pour la Bourgogne, et merci pour les princes de la Maison d'Autriche, comparés sans façon à quelque Poméranien pataud ! Pauvre maison d'Autriche : c'est bien sa faute ! D'ailleurs, si j'ai bon souvenir, ses premières relations avec Bruges ne semblent pas avoir eu beaucoup de charme : Maximilien y fut mis en une prison très dure, d'où il sortit honteux et confus, pâle et maigre, dit la chronique.

Et Charles-Quint ? Qu'eût-il dit de tout cela, ce pur Flamand, lequel, vous le savez, dans sa jeunesse n'avait pas appris à parler allemand ; son bonheur dit la légende, était de flaminguer librement, en se faisant coudoyer par son peuple dans les faubourgs d'Anvers.

Le bourgmestre Koch n'entre pas dans ces détails. Il continue à s'extasier sur les nouvelles beautés de Bruges. Le plus ravissant coup d'œil est celui que lui offre, le soir, comme il sort du Béguinage, au loin sur le rempart, par-dessus le Lac d'Amour, une troupe de uhlans, qui se découpe en ombres chinoises sur les lueurs roses du ciel. — Comme c'est joli ! Pour ces brutales silhouettes d'envahisseurs, Bruges est le cadre à souhait vraiment.

*
* *

Si les Flamands ne sont pas ravis de joie, il faudra qu'ils disent pourquoi. S'ils n'apprécient pas leur bonheur, c'est qu'ils manquent de civilisation. Mais ne craignez rien, on s'occupe de les civiliser. Voilà ce que nous apprend encore M. Koch. Les Flamands pensent avoir une civilisation. Erreur ! Celle qu'ils ont est « vide et extérieure » (*œde und aueszere*). On y substituera la vraie *Kultur*. A la bonne heure, nous y voilà !

Que les Flamands soient heureux : on va aussi s'occuper de leur langue.

Le correspondant de la *Gazette de Francfort* n'est pas seulement un artiste et un historien ; c'est encore un linguiste, et il n'ignore pas quelles conséquences de philosophie sociale entraîne le langage que parle un peuple.

Nos flamingants croient que la langue flamande est littéraire; elle a ses poètes qu'ils adorent. Elle a sa légende : j'ai connu de vieux Flamands qui pensaient que le flamand est la langue primitive, qu'Adam et Ève parlaient sous les ombrages du Paradis Terrestre.

Il faut renoncer à tout cela. Le flamand n'est qu'un « patois allemand » (*Plattdeustch*), une « prononciation barbare » (*barbarische aussprach*). On rendra aux Flamands leur vraie langue, qui est l'allemand.

Car la langue flamande, le bourgmestre Koch sait la parler d'avance; il lui suffit d'écorcher un peu l'allemand. Et il s'en donne ! — Le soir, sur la Grand'-Place, il arrête devant un café un petit marchand de journaux — (quels journaux cet enfant peut-il bien vendre ?) — et il s'amuse à le faire causer. L'enfant dut remarquer que ce *Boche* parlait bien mal flamand. Mais voici le dialogue :

— Comment t'appelles-tu ?

— Mon nom est *Franzoa* (sic).

Ici M. Koch observe : « J'eus quelque peine à comprendre que, dans son parler barbare, il avait voulu prononcer le mot français : *François*. — Mais j'insistai :

— Enfant, tu ne t'appelles pas *Franzoa* !

— Si, monsieur.

— Enfant, comment te nomme ta mère ?

— Ma mère, elle dit : *Franziskus* !

Ce court entretien inspire au monsieur de la *Gazette de Francfort* des réflexions profondes. J'en détache ceci : « Il est remarquable de constater que, dans le peuple flamand, on se figure que le français seul doit se produire en public, et que la langue natale doit être reléguée dans l'intimité de la famille. Le français est pour eux comme le salon (*Gute Stube*) où l'on introduit les étrangers.

« Comment un semblable peuple peut-il prétendre à des sentiments originaux et profonds ? Comment peut-il espérer arriver à la fleur d'une véritable *Kultur* ?... » Saluez, ô Flamands ! — Mais tandis que le *Professor* médite ainsi, il est interrompu par un spectacle qui lui fait laisser là l'enfant brugeois, Bruges et tous les Flamands. C'est le passage d'une troupe de matelots allemands : ils vont à Zeebrugge monter des sous-marins, s'occuper à couler des paquebots, à noyer sans doute des femmes et des enfants. M. Koch déborde d'enthousiasme. Il a devant lui la vraie fleur de la civilisation, *wahre Kulturblum !*

Ce morceau de littérature teutonne m'a inspiré à moi-même quelques réflexions. Dans l'affaire, c'est le pauvre gamin brugeois qui m'intéresse le plus. S'il a dit : *Franziskus*, ce gamin, c'est pour montrer sa science au lourdaud qui l'interrogeait ; il y met une petite vanité d'enfant d'un peuple intelligent. Car, en fait, il est bien peu probable que sa maman lui donne dans l'intimité un nom si solennel. Elle doit l'appeler : *Cis*, — ou de quelqu'autre gentil surnom.

Mais je vais plus loin. Que de choses on peut trouver dans la réponse de ce gamin ! Voyez un peu : M. Koch n'y a point songé ; *Franciscus* n'est nullement germanique. C'est un mot bas-latin, qui veut simplement dire : *français*, et dont l'Italie du moyen âge avait le prénom : *Francesco*. — Et voilà donc que dans les quelques mots de l'enfant brugeois, nous découvrons en raccourci le moyen âge français et italien, Assise et le pauvre d'Assise !

Et au-dessus de tout cela, au-dessus des cavaliers brutaux de l'invasion momentanée, je vois se dresser, s'épanouir cette vraie fleur, Bruges ! — Bruges, portrait d'un peuple vivant et fort, lequel est par lui-même, lequel mêle en lui-même, avec la lointaine tradition de sa race et de sa langue germanique, tous les afflux variés des civilisations européennes : latine, française, anglaise, espagnole, italienne, — tout un riche trésor de toute sorte, de tout aspect, dont l'assemblage forme ce type unique d'humanité : le Flamand.

Qu'est-ce que ce peuple-là aurait donc à gagner, à rejeter ce que ces afflux divers lui ont apporté de variété et de richesse, à se laisser avaler par le grand monstre prussien ?

Soyez tranquille : il ne le fera pas. Il n'en a jamais eu aucune envie. S'il l'avait jamais eue, le contact direct de l'oppresseur allemand aurait suffi à l'en radicalement dégoûter.

L'Allemand prussien moderne a ceci de bon : de loin on peut s'illusionner sur son compte ; de près on a vite perdu toute illusion. Mais il est pire que tout quand il veut plaire. Quand il sourit, il est hideux. Car alors il fait voir ses grandes dents pointues, comme le loup du conte de fées :

— C'est pour mieux te manger, mon enfant !

La Flandre ne se laissera pas manger. N'ayez crainte !

Nous ne nous étendrons pas davantage sur les manœuvres allemandes pour diviser les Belges. Le journal socialiste de Copenhague, *Politiken*, s'est prononcé de la sorte :

« Pour autant qu'on puisse en juger, les tenta-
tives allemandes pour diviser les Belges ont été
désavouées par les Flamands eux-mêmes. Ceci
ressort entre autres du grand manifeste publié
ces jours-ci par un groupe de chefs du mouvement flamand. Les points essentiels de ce long
manifeste montrent assez clairement que les ten-
tatives allemandes ont eu jusqu'ici peu de succès.
Les malheurs de la patrie commune rapprochent
et tiennent unis tous les Belges. »

A quelle sauce voulaient-ils manger la Belgique
au beau temps de leurs illusions, avant d'envisager un partage de la Belgique entre eux et la
France, avant de réclamer la reconstitution de la
neutralité belge ?

Là encore on a vu les clauses du traité idéal de
Tannenberg inspirer les publicistes, les hommes
politiques et les intellectuels de la Germanie en
délire. Des personnages qualifiés se préoccu-
paient de rechercher les modalités d'annexion des
territoires occupés par l'armée allemande et en
particulier de la Belgique.

Le comte Posadowsky, ministre d'État, abordait le problème dans les *Münchener Neueste
Nachrichten* du 1er juin 1915. Il proposait de pro-
céder à une dénationalisation complète de ces
territoires étrangers et de mélanger leur popu-

lation avec des Allemands de vieille souche inspirant toute confiance.

Le professeur Kohler, dans le *Tag*, abordait de front le problème. A son avis, il fallait adopter la politique de Rome qui se gardait bien d'accorder des droits dans l'État aux populations qu'elle avait soumises à sa domination.

« Cette politique, continue le professeur Kohler, est aujourd'hui encore l'une des plus profitables.

« Après une « guerre de conquête » il est souvent au plus haut point inopportun, voire même condamnable, d'annexer purement et simplement les territoires dont on s'est emparé. Bismarck disait déjà qu'à côté de la recherche des avantages intérieurs, il fallait prendre aussi en considération, dans une conquête, bien d'autres facteurs, les intérêts militaires, les intérêts de l'unité territoriale ou de la domination des mers, les intérêts des possessions minières et de l'industrie, peuvent faire de la conservation des territoires occupés pendant la guerre, une nécessité, et même un « devoir » de l'État conquérant. Une annexion complète aura souvent pour conséquence non de renforcer, mais au contraire d'affaiblir la mère-patrie, et d'introduire dans son gouvernement des éléments peu recommandables pour l'ensemble. Un régime semblable à celui auquel nos colonies sont depuis longtemps soumises, est le seul bon. Il n'exclut naturellement

pas la possibilité d'accorder à la colonie une autonomie plus ou moins grande ; mais cette autonomie est évidemment limitée à une sphère res-
treinte ainsi que l'est l'autonomie d'une commune ;
une colonie n'a pas à se mêler du gouvernement
central... »

Le mémoire des grandes associations allemandes, rédigé, paraît-il, par M. Kirdorf, directeur
général des usines de Gelsenkirchen, et adressé
au chancelier von Bethmann-Hollweg, n'est pas
plus tendre à l'égard des pays à annexer. Voici le
sort que l'on réservait à une partie de la France et
à la Belgique. C'est toujours l'esprit du traité de
Tannenberg qui reparaît :

Parce qu'il est nécessaire d'assurer notre crédit
sur mer, et notre situation militaire et économique
pour l'avenir, en face de l'Angleterre, parce que le
territoire belge, économiquement si important, est
étroitement lié à notre principal territoire industriel, *la Belgique doit être*, au point de vue monétaire, financier et postal, *soumise à la législation de
l'Empire*. Ses chemins de fer et ses voies fluviales
doivent être étroitement reliés à nos communica-
tions. En constituant un territoire wallon et un territoire flamand prépondérant et *en mettant en des
mains allemandes les entreprises et les propriétés économiques si importantes pour dominer le pays, on organi-
sera le gouvernement et l'administration de telle manière
que les habitants ne pourront acquérir aucune influence
sur les destinées politiques de l'Empire d'Allemagne.*

Quant à la « France », toujours en raison de notre
situation vis-à-vis des Anglais, « il est pour nous

d'un intérêt vital », en vue de notre avenir sur mer, que nous possédions la région voisine de la Belgique à peu près jusqu'à la Somme, ce qui nous donnera un débouché sur l'océan Atlantique. L'« hinterland », qu'il faut acquérir en même temps, doit avoir une étendue telle qu'économiquement et stratégiquement les ports où aboutissent les canaux puissent prendre leur pleine importance. Toute autre conquête territoriale en France, en dehors de l'annexion nécessaire des bassins miniers de Briey, ne doit être faite qu'en vertu de considérations de stratégie militaire. A ce sujet, après les expériences de cette guerre, il est très naturel que nous n'exposions pas nos frontières à de nouvelles invasions ennemies en laissant à l'adversaire les forteresses qui nous menacent, surtout Verdun et Belfort, et les contreforts occidentaux des Vosges situés entre ces deux forteresses. Par la conquête de la ligne de la Meuse et de la côte française avec les embouchures des canaux, on acquerrait, outre les régions de minerais de fer déjà indiquées de Briey, les territoires charbonniers des départements du Nord et du Pas-de-Calais. Ces augmentations territoriales, — la chose va de soi après l'expérience faite en Alsace-Lorraine, — supposent que la population des territoires annexés ne sera pas en mesure d'obtenir une influence politique sur les destinées de l'Empire allemand, et que *tous les moyens de puissance économique existent sur ces territoires, y compris la propriété moyenne et la grande propriété, passeront en des mains allemandes : la France indemnisera les propriétaires et les recueillera.*

Voilà le programme pour l'ouest. Il n'est pas différent pour l'est. L'Allemagne devra « donner

à la grande augmentation de puissance industrielle qu'elle attend à l'ouest un contrepoids par
l'annexion d'un territoire agricole situé à l'est et
qui soit de valeur semblable ».

Et on ne traitera pas les Russes autrement que
les Belges et les Français :

Pour ce qui est, dit le mémoire, des droits
politiques à accorder aux habitants des nouveaux
territoires et des garanties à prendre en faveur de
l'influence et de l'économie allemandes, nous nous
référons à ce que nous avons dit au sujet de la
France. L'indemnité de guerre à exiger de la Russie
devra, dans une large mesure, consister en cessions
territoriales.

Et le mémoire se terminait en montrant que les
annexions préconisées se justifient tout autant
par les nécessités militaires qu'au point de vue
économique : le besoin de fer exige pour l'Allemagne la possession des minerais de fer de Lorraine.

Il lui faut aussi pour les besoins de sa politique
les charbonnages de France et de Belgique :

La possession de grandes quantités de charbons
et principalement de charbons riches en bitume,
qui abondent dans le bassin du nord de la France,
est au moins aussi importante que le minerai de fer
pour l'issue de la guerre.

La Belgique et le nord de la France produisent
ensemble plus de 40 millions de tonnes.

Déjà aujourd'hui (la défense d'exportation du

charbon faite par les Anglais, le 15 mai, nous le prouve à nouveau), le charbon est un des moyens d'influence politique les plus décisifs. Les États neutres industriels sont obligés d'obéir à celui des belligérants qui peut leur assurer leur provision de charbon. Nous ne le pouvons pas suffisamment en ce moment, et nous sommes obligés dès aujourd'hui d'avoir recours à la production de charbons belges, pour ne pas laisser nos voisins neutres tomber complètement dans la dépendance de l'Angleterre.

Il est vraisemblable que le développement systématique de la production de houille belge aura déjà dans cette guerre la plus grande importance pour le maintien de la neutralité de plusieurs États voisins.

Une pétition très longue, portant des signatures importantes, comme celles du professeur Hermann Oncken, de l'Université de Heidelberg ; du professeur Friedrich Meinicke, de l'Université de Berlin ; du professeur Schulmacher, du professeur Schafer, de l'Université de Berlin ; du professeur Seeberg, qui enseigne la théologie à l'Université de Berlin ; de M. von Reichenau, ancien ambassadeur ; de M. von Schwerin, préfet actif à Francfort-sur-l'Oder, et naturellement de M. Kildorf, des mines de Gelsenkirchen, fut aussi envoyée au chancelier. Voici le passage relatif à la Belgique :

La Belgique ayant été conquise par tant du plus noble sang allemand, il faut que nous la conservions politiquement, militairement et économiquement entre nos mains, quelles que soient les raisons qui semblent s'y opposer. Dans aucune question, l'opinion du peuple n'est davantage unanime ; garder la Belgique, c'est, sans aucun doute, une question d'honneur pour nous.

Car il est clair que, dans l'autre cas, la Belgique deviendrait politiquement et militairement une base d'attaque pour l'Angleterre, qui menacerait l'Allemagne de la façon la plus grave et qui permettrait à nos ennemis de se réunir de nouveau contre nous.

Économiquement, la Belgique nous apporte un puissant accroissement de force.

Et même, « du point de vue de la race », elle peut nous fortifier, si les Flamands, qui nous sont si rapprochés dans leur culture, se libèrent, avec le temps, de l'encerclement latin artificiel et se souviennent de leur germanisme.

Des problèmes devant lesquels la possession de la Belgique nous placera, nous ne voulons souligner que les suivants : *Les habitants n'auront absolument aucune influence politique dans l'Empire, et les entreprises et propriétés devront passer des mains anti-allemandes à des mains allemandes.*

Annexion de la Belgique, asservissement, spoliation et expulsion des Belges, tel était le programme que l'Allemagne tant catholique que protestante, tant socialiste que conservatrice, se promettait de réaliser. Tel est toujours celui que se flattent d'accomplir les Allemands qui s'illusionnent encore sur la situation de leur pays.

Est-il prématuré d'envisager à notre tour ce que nous ferons d'eux?

Nous ne sommes pas des Boches et le ton des publicistes français qui envisagent le problème, est tout autre que celui des échantillons que nous venons de montrer.

Si, dit M. A. Delaire dans son livre : *Au lendemain de la victoire*, de concert avec leurs alliés, la France et la Belgique enlèvent à l'Allemagne le pays rhénan, c'est pour assurer la protection nécessaire à leurs frontières et garantir la paix durable de l'Europe.

Sans le Rhin, il n'y a pas de sécurité possible ni pour la Belgique, ni pour la France. La guerre que nous subissons est sans précédent, et la paix sera un acte de justice implacable. Donc, ni neutralité, ni plébiscite, mais assimilation prudente des pays annexés.

Il a été démontré, continue M. Delaire, que les pays rhénans, dans le passé et jusqu'à une date récente, avaient plus de sympathie pour la France que pour la Prusse. A juste titre, nous pouvons donc avoir l'ambition de les assimiler peu à peu, comme l'Alsace l'a été si heureusement sous Louis XIV. Toutefois, il ne saurait s'agir de donner immédiatement et en masse aux Rhénans la

nationalité française, avec tous ses droits et ses
devoirs. La Convention elle-même, quoique nos
soldats eussent été accueillis en libérateurs et
que l'élan révolutionnaire fût le même des deux
côtés de la frontière, a bien annexé le territoire,
mais sans accorder aux Rhénans les pleins droits
de citoyens français. Ce n'est qu'au bout de quatre années, et sur leur demande solennellement
exprimée, qu'ils devinrent Français. Un stage est
donc toujours nécessaire, surtout aujourd'hui
que la province nous est attribuée pour la défense
de nos frontières et après une guerre longue et
acharnée. Tous les Rhénans actuels (sauf à ex-
clure peut-être ceux qui sans racines dans le pays
sont des immigrés récents) seraient ainsi des Français accomplissant leur stage. Ils jouiraient comme
les Français, du droit de résider, de posséder, de
vendre ou d'acheter des immeubles, de former
des sociétés, etc..., à la condition bien entendu
que leur attitude soit correcte et ne cause aucun
trouble ; autrement ils seraient expulsés dans
l'intérêt de la paix publique. Naturellement les
étrangers-amis, dans les limites des conventions
de leur patrie avec la France, auraient ces mêmes
droits. Au contraire, il importe de les refuser
absolument aux étrangers ennemis, aux Allemands, qu'il faudra soumettre au régime des
passeports, des permis de séjour, et auxquels il
sera interdit de posséder un immeuble, d'exercer
une industrie ou un commerce, d'organiser des

sociétés, etc. Sans ces précautions indispensables, la province serait investie rapidement par une foule d'Allemands qui s'empareraient des industries et du commerce, s'attacheraient au sol et deviendraient vite les vrais maîtres du pays. Autant il faudra de vigilante rigueur pour se défendre contre les Allemands, autant il conviendra de multiplier les soins prudents pour conquérir les nouveaux Français. On fera aussi large que possible la part de la liberté, surtout pour les intérêts locaux ; on évitera tout ce qui pourrait blesser les idées, les mœurs, les habitudes ; les gouvernants s'entoureront de compétences éclairées et unanimement respectées, et après une période d'adaptation progressive, les Rhénans recevront avec satisfaction la pleine nationalité française.

Voilà un programme judicieux dont la Belgique s'inspirera sans doute. Mais le problème offre assurément plus de difficultés pour la Belgique qui est beaucoup plus petite que la France et qui n'a pas d'unité de langue ; il inquiète du moins certains Belges qui, tout en reconnaissant les nécessités stratégiques d'aller jusqu'au Rhin, répugnent à l'idée d'incorporer des Allemands.

Les précautions à prendre par les Belges sont donc plus grandes que celles qu'envisagent les Français.

Les Boches voulaient expulser les Wallons de

la Belgique en leur faisant payer une indemnité d'expropriation par la France.

Ils voulaient traiter le restant de la Belgique, malgré leur apparente sollicitude pour les Flamands, comme une colonie.

Nous ne sommes pas des Boches, mais le souci de la paix et de la sécurité futures doit dominer toute la question.

Il faudra purger la contrée rhénane de tous les Poméraniens, Brandebourgeois et autres Prussiens qui s'y étaient établis pour la germaniser. Les autochtones seront seuls conservés. L'indemnité d'expropriation sera payée par la Prusse, la Bavière, la Saxe, le Wurtemberg et tous les autres États d'Allemagne qui ont pris les armes contre nous. C'est surtout dans les villes que ce système devra être rigoureusement appliqué.

Les Rhénans d'origine jouiront de droits civils mais non de droits politiques. Pas de droits politiques jusqu'au moment où ils seront déprussianisés.

Peut-on fixer approximativement la durée de cette situation.

Il y a des gens fort autorisés en France qui estiment que le terme ne devra pas être inférieur à quinze ans.

Ce laps de temps nous paraît de nature à tranquilliser ceux des Belges qui craignent un bouleversement de la politique intérieure dans leur pays résultant de l'absorption d'une population nouvelle.

L'annexion devra figurer dans la Constitution belge, avec sa modalité. Pour octroyer définitivement la qualité des Belges aux incorporés, il faudra modifier la Constitution belge, ce qui ne peut se faire qu'à la majorité des deux tiers des membres de chacune des deux Chambres du Parlement. Dans ces conditions, un coup de parti, que d'aucuns semblent redouter, ne serait pas à craindre.

Il y aura lieu aussi de prendre des mesures extrêmement rigoureuses pour empêcher les Allemands de revenir faire de l'industrie, du commerce ou de la finance, non seulement dans la contrée rhénane, mais aussi dans la Belgique entière. Les étrangers ennemis ne pourront plus rien posséder dans un pays qu'ils ont si indignement traité. Du reste, la population qui a subi les atrocités de l'invasion allemande et qui a connu les rigueurs de l'ignoble occupation boche, se chargerait, au besoin, à elle seule, de régler leur compte aux commis-voyageurs d'outre-Rhin qui oseront encore se présenter à elle après la guerre.

D'une façon générale il importe que les Allemands, soit comme collectivité, soit comme particuliers, ne puissent plus intervenir en aucune façon dans le régime domestique des États alliés.

4138. — Imprimerie spéciale de la librairie BLOUD et GAY.

www.ingramcontent.com/pod-product-compliance
Ingram Content Group UK Ltd.
Pitfield, Milton Keynes, MK11 3LW, UK
UKHW021118140726
13695UKWH00004B/1566